Hôtel Drouot, Salle n° 5

Vente Z. Noterman

LE SAMEDI 15 NOVEMBRE 1884

<table>
<tr><td>COMMISSAIRE-PRISEUR</td><td>EXPERT</td></tr>
<tr><td>Me Léon TUAL</td><td>M. BERNHEIM jeune</td></tr>
<tr><td>39, rue de la Victoire.</td><td>8, rue Laffitte.</td></tr>
</table>

1884

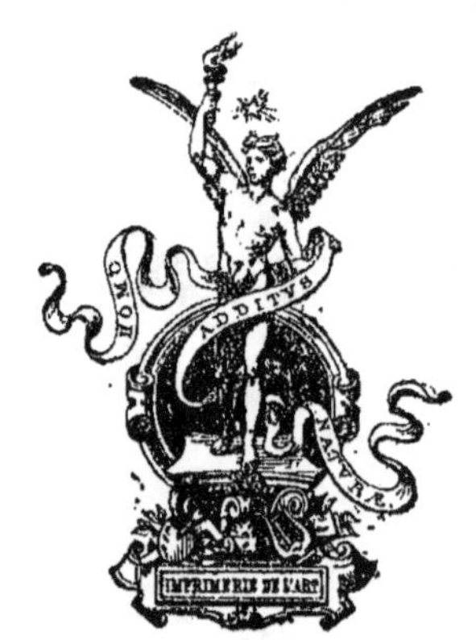

PROMO
ADDITVS
IMPRIMERIE DE L'ART

CATALOGUE

DE

TABLEAUX

PAR

Z. NOTERMAN

Dont la Vente aura lieu

HOTEL DROUOT, SALLE N° 5

Le Samedi 15 Novembre 1884

A TROIS HEURES PRÉCISES

Par le Ministère de Me **LÉON TUAL**, commissaire-priseur,

3g, rue de la Victoire, 3g

Assisté de **M. BERNHEIM jeune**, expert,

8, rue Laffitte, 8

EXPOSITION

Le Vendredi 14 Novembre 1884, de 1 heure à 5 heures 1/2.

Ce Catalogue se distribue à Paris :

Chez Me **LÉON TUAL**, commissaire-priseur,

39, rue de la Victoire, 39

Chez **M. BERNHEIM jeune**, expert,

8, rue Laffitte, 8

CONDITIONS DE LA VENTE

Elle sera faite au comptant.

Les adjudicataires payeront *cinq pour cent* en sus des enchères.

Paris. — Imp. de l'Art, E. Ménard et J. Augry
41, rue de la Victoire.

DÉSIGNATION

---

1 — *Les Joueurs de cartes.*

Toile. Haut., 24 cent.; larg., 32 cent. 1/2.

2 — *La Signature.*

Toile. Haut., 24 cent.; larg., 32 cent. 1/2.

3 — *Le Duo.*

Bois. Haut., 26 cent.; larg., 36 cent.

4 — *Le Joueur déconcerté.*

Bois. Haut., 22 cent.; larg., 27 cent.

5 — *Le Fond du verre.*

>Bois. Haut., 33 cent.; larg., 24 cent.

6 — *Le Plaisir partagé.*

>Bois. Haut., 37 cent.; larg., 29 cent.

7 — *Les Amis du foyer.*

>Bois. Haut., 32 cent.; larg., 46 cent.

8 — *Le Professeur impatienté.*

>Bois. Haut., 46 cent.; larg., 38 cent.

9 — *La Correction.*

>Bois. Haut., 46 cent.; larg., 38 cent.

10 — *Le Quart d'heure de Rabelais.*

Bois. Haut., 38 cent.; larg., 46 cent.

11 — *Une Loge de premier rang à l'Opéra.*

Bois. Haut., 31 cent.; larg., 40 cent.

12 — *Une Loge au cinquième rang.*

Bois. Haut., 31 cent.; larg., 40 cent.

13 — *Au Coin du feu.*

Toile. Haut., 43 cent.; larg., 53 cent.

14 — *L'Indiscret.*

Toile. Haut., 53 cent.; larg., 43 cent.

15 — *Le Droit.*

Toile. Haut., 43 cent.; larg., 53 cent.

16 — *Chiens dans un hangar.*

Toile. Haut., 48 cent.; larg., 60 cent.

17 — *Le Maître et ses courtisans.*

Toile. Haut., 48 cent.; larg., 60 cent.

18 — *Colette et Lubin.*

Toile. Haut., 41 cent.; larg., 71 cent.

19 — *La Favorite.*

Bois. Haut., 38 cent.; larg., 46 cent.

20 — *Le Repas.*

Toile. Haut., 59 cent.; larg., 73 cent.

21 — *Intérieur flamand.*

Bois. Haut., 65 cent.; larg , 81 cent.

22 — *Une Question de droit.*

Tableau de l'Exposition de 1884.

Toile. Haut., 73 cent.; larg., 92 cent.

23 — *Brutus.*

Lion fait à la ménagerie Pezon.

Toile. Haut., 41 cent.; larg., 71 cent.

24 — *Nature morte.*

Bois. Haut., 23 cent.; larg., 15 cent.

25 — *La Répétition.*

> Toile. Haut., 65 cent.; larg., 81 cent.

26 — *La Lecture.*

> Toile. Haut., 43 cent.; larg., 53 cent.

27 — *Le Maître du logis.*

> Toile. Haut., 46 cent.; larg., 38 cent.

28 — *La Cigale et la Fourmi.*

> Bois. Haut., 40 cent.; larg., 32 cent.

29 — *Fournisseur et Cuisinier.*

> Bois. Haut., 40 cent.; larg., 32 cent.

30 — *Le Gai Refrain.*

>Bois. Haut., 40 cent.; larg., 32 cent.

31 — *L'Arrestation.*

>Bois. Haut., 32 cent.; larg., 46 cent.

32 — *Steeple-Chase.*

>Bois. Haut., 32 cent.; larg., 46 cent.

33 — *Intérieur.*

>Bois. Haut., 26 cent.; larg., 36 cent.

34 — *A huitaine.*

>Bois. Haut., 35 cent.; larg., 26 cent.

35 — *La Dispute.*

> Bois. Haut., 32 cent.; larg., 40 cent.

36 — *Chiens devant la porte.*

> Bois. Haut., 26 cent.; larg., 36 cent.

37 — *Chiens.*

> Bois. Haut., 26 cent.; larg., 36 cent.

38 — *Les Dégustateurs.*

> Bois. Haut., 21 cent.; larg., 28 cent.

39 — *Chiens.*

> Bois. Haut., 21 cent.; larg., 28 cent.

40 — *Le Bon Gardien.*

Bois. Haut., 21 cent.; larg., 28 cent.

41 — *La Convoitise.*

Bois. Haut., 21 cent.; larg., 28 cent.

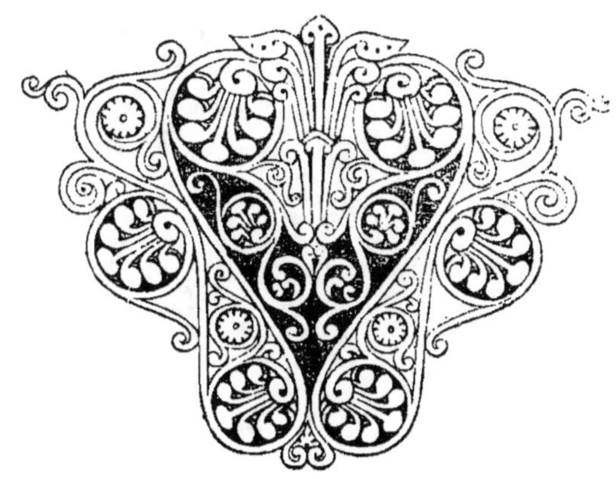

www.ingramcontent.com/pod-product-compliance
Lightning Source LLC
LaVergne TN
LVHW010906180726
843502LV00010B/3990